老 —  — 金

간도사진관
OLD PHOTOS OF KOREAN-CHINESE

시리즈 001

金达莱老相馆

동주의 시절

相 — 류은규 · 도다 이쿠코 — 达

馆 — 土香 — 莱

● **Contents**
목차

책을 펴내며
Foreword

**1부
나여기 왜왔노**
Part 1.
Why am I Here?

**2부
간도의 일상**
Part 2.
Daily Life of Gando

류은규의 '간도사진관'	4

1. 고향집	8
2. 굴뚝	16
3. 무얼먹구사나	22
4. 기와장내외	28

1. 애기의 새벽	36
2. 山上	44
3. 거리에서	50
4. 삶과죽음	56

마무리하며
Afterword

동주의 시절   158

이 책에 윤동주 사진은 없습니다. 그러나 북간도에서 윤동주가 보았던 풍경과 그곳 사람들을 찍은 사진을 통해 우리는 시인이 살아 숨 쉬었던 나날을 상기할 수 있습니다.

Old photos of Korean-Chinese

3부
만주국의 엷은 평화

Part 3.
Shallow Peace in Manchuria

1. 오줌쏘개디도   66
2. 離別   72
3. 陽地쪽   78
4. 밤   82

4부
배움의 나날

Part 4.
Days of Learning

1. 窓   90
2. 이런날   98
3. 午後의球場   108
4. 바다   116

5부
동주 생각

Part 5.
Thinking about Yun Dongjoo

1. 민들레 피리   126
2. 누구덕에…   138
3. 산울림   148

이 책에 실린 윤동주 시는 육필원고가 게재된 『사진판 윤동주 자필 시고詩稿 전집』(민음사)의 표기를 따랐습니다. 띄어쓰기나 맞춤법 등 현재 쓰는 한국어와 맞지 않은 부분이 있으나, 시인이 쓰던 간도의 말투를 상기할 수 있도록 원시原詩의 표현을 그대로 재현하였습니다.

● Foreword

책을 펴내며

류은규의
'간도사진관'

'간도'는 원래 우리 민족이 집단으로 거주한 땅을 일컫는 말인데, 이제 지도상에서 찾아볼 수 없는 지명이 되었다. 일찍이 만주국 시절에는 간도성間島省이라는 행정구역이 있었는데, 해방 후인 1952년에 연변조선족자치주가 되었다. 나는 여기서 '간도'를 헤이룽장黑龍江, 랴오닝遼寧, 지린吉林 등 동북 삼성의 재중동포를 가리키는 상징적인 단어로 쓰고자 한다.

'사진관'은 지난 시절에 기록을 남기기 위해 필수적인 역할을 했던 곳이다. 디지털 사진이 나오기 전, 우리는 한 장의 사진을 얻으려면 꼭 '사진관'을 찾아야만 했다. '사진관'의 사진사들은 초상사진은 물론, 결혼식이나 회갑 같은 가족 행사, 학교나 단체 행사, 광고, 풍경, 사건 등 다양한 영역을 다루었다.

나는 30년에 걸쳐 중국 동북 삼성을 다니며 재중동포의 삶을 촬영하며 옛 사진을 모아왔다. 개인 소장의 기념사진까지 모은 이유는 부모가 돌아가시면 사진을 태워버린다는 이야기를 들었기 때문이다. 사진가로서 이 세상에 한 장밖에 없는 사진이 소실된다는 사실이 너무나 안타까워서였다.

중국 사진계에서도 2000년대에 들어 급속도로 디지털화가 진행되면서 사진교육에서 암실이 없어지고, 필름으로 작업했던 사진관들이 아날로그 방식의 데이터를 처분하기 시작했다. 나는 오로지 모았다. 자칫하면 흩어지고 없어지기 쉬운 인화지, 필름, 유리건판 등 합쳐 5만 여장에 이르는 사진이 지금 내 손에 있다.

역사를 증명하는 자료사진, 재중동포 사진사가 찍은 기념사진이나 생활에 밀착한 다큐멘터리, 그리고 내가 촬영한 작품 등 다양한 사람이 서로 다른 의도로 찍은 사진을 한 곳에 모아 정리하다보니 재중동포의 삶의 흔적을 기록하는 광대한 생활사 다큐멘터리가 되었다. 그것이 바로 '간도사진관'이다.

류은규

1부

나여기
왜 왔노

Part 1. Why am I here?

1. 고향집
2. 굴뚝
3. 무얼먹구사나
4. 기와장내외

01

고향집   −(만주에서불은)−   윤동주

헌집신짝 끟을고
나여긔 웨왓노
두만강을 건너서
쓸쓸한 이땅에

남쪽하늘 저밑엔
따뜻한 내고향
내어머니 게신곧
그리운 고향집

1936년 1월 6일

Part 1. Why am I Here?

문경자 훈춘 밀강, 평양에서 찍음

01

간도의
조선 이민 이야기

박금숙, 고향 평안남도 순천군에서 찍음

Part 1. Why am I Here?

청나라 초기 '병자호란'(1636) 시기 수만 명의 조선인이 납치되어 압록강을 건너갔던 것이 중국 조선족의 시초라고 중국학자들이 주장한다.

그 후 청나라의 '봉금령'에도 불구하고 두만강, 압록강을 건너는 조선인이 많아졌다. 청나라 발생지로 신성화 되어 몇백 년 동안 외부인 출입을 금한 만주 땅의 비옥함은 자연재해나 엄한 세금, 병역 등으로 허덕이는 조선 농민에게 금싸라기 땅으로 인식되었기 때문이다.

'봉금령'이 무서워 아침에 강을 건너 저녁에 돌아오기도 하고, 봄에 도강하여 가을 추수를 마치고 돌아오기도 했던 시기, 사람들은 두만강 가운데 모래톱을 가리켜 '사이섬間島', 혹은 일군 땅이라는 의미인 '간토墾土'라고 부르기 시작했다.

1881년 제정 러시아의 남하를 두려워하는 청나라가 변경 방위와 개간을 위해 '봉금령'을 해제하자 이민이 본격화되었고, 특히 '북간도'라 불리는 두만강 연안 지역은 이주민이 집중되어 해란강 물줄기 따라 논밭 개간이 활발해졌다.

1897년 통계에 의하면 간도의 조선인 인구가 37,000여 명이었다가, 1910년 한일합병 이후에 급속도로 증가하여 1920년쯤엔 만주의 조선인 인구가 50만 명을 넘었다. 그리고 1945년 해방 무렵엔 215만 명에 달했다.

● 01

주옥환 고향 전남 신안군에서 1940년

Part 1. Why am I Here?

주옥빈 전남 신안군에서 1940년

● 01

만주 용정에서 함경북도 라진출신 유학생들 1935년

주문봉, 서광섭, 전남 목포에서 1940년

Part 1. Why am I Here?

정락구 1941년 촬영, 평북 철산군 출신, 1904년 만주로 이민
1956년 요녕성 환인현 동대전자에서 사망

전주리씨 1941년 촬영, 1873년생

1907년 고향에서

굴뚝

윤동주

산골작이 오막사리 나즌굴뚝엔
몽긔몽긔 웨인내굴 대낮에솟나

감자를 굽는게지 총각애들이
깜박깜박 검은눈이 몰여앉아서
입술이 꺼머케 숯을바르고
넷 이야기 한커리에 감자하아식

산골작이 오막사리 나즌굴뚝엔
살낭살낭 솟아나네 감자굽는내.

1936년 가을

이주 초기의 개간민

Part 1. Why am I Here?

두만강

02

조선 이민의 현상

조선 북부에서 강을 건너 넘어간 초기 이민은 청나라 정부의 단속을 피해 산속에서 화전민으로 삶의 터를 개척해갔다. 씨앗만 가지고 가면 먹고 살 수 있다는 희망을 품고 강을 건너간 사람도 많았는데, 한인漢人이나 만주인滿人의 소작인으로 겨우 연명하거나 먹을 것이 없어 아기를 팔아 넘기는 경우도 있었다.

1930년대 '남부여대'로 두만강을 건너는 사람들

일제강점기가 되자 '남부여대男負女戴'라는 말 그대로 남자는 짐을 등에 메고, 여자는 머리에 이고 아이의 손을 붙잡아 만주 땅으로 건너가는 사람들이 많아졌다.

그런데 만주국이 설립된 1932년부터 한동안 조선총독부가 발행한 '이주민증'이 없으면 강을 건너지 못하게 하여 이주민은 경비대의 삼엄한 조사를 받게 되었다. 독립운동가의 만주 이동을 제한하기 위한 조치이기도 하고, 개개인의 이동을 제한하면서 그 후의 단체이민을 준비하는 기간이기도 했다.

1937년에 일제는 '집단이민' 정책을 취하면서 한반도 남부에서 북만주 오지 등으로 대량으로 이민을 보내기 시작했다. 그 당시 조선 이민은 일본 개척단보다 더 열악한 환경의 변경지대로 정착하게 되었고, 변방 방위와 병참기지 건설로 이용당하기도 했다.

조선과 가까운 간도는 함경도 사람이 많지만, 흑룡강성이나 내몽고 지역엔 경상도, 전라도 출신자가 많다. 그이유는 일제가 도모한 집단이민 정책이 있었기 때문이다.

1930년대 겨울 압록강을 건너는 유랑민

● 02

압록강의 삼엄한 검문

두만강변을 수색하는 일본 군경

만포진과 집안 사이 압록강 다리를 건너는 조선인

Part 1. Why am I Here?

압록강 호인면

무얼먹구사나

윤동주

바닷가 사람
물고기 잡어 먹구살구

산꼴에 사람
감자 구어 먹구살구

별나라 사람
무얼 먹구사나

1936년 10월

간도 서부 고동화의 나룻배 1908년

Part 1. Why am I Here?

● 03

붐비는
용정 시장

함경북도 회령이나 종성 등지에서 산길을 넘어 두만강을 건너 간도로 넘어가게 되면 해란강 줄기 따라 넓은 평야지대가 나타난다. 조선 이민자들은 거기서 콩 농사, 벼농사를 하면서 삶의 터전을 넓혀갔다.

용정촌에는 큰 시장이 생기며 사람들이 모이기 시작했고, 서서히 도시의 면모를 갖추게 되었고, 1930년대에는 간도의 중심적인 도시가 되었다.

1932년 중학교로 진학하면서 명동촌에서 용정 시내로 이사 간 윤동주와 송몽규도 사람 붐비는 시장을 거닐었으리라. 조용한 농촌에서 도시로 나온 윤동주는 시내에 있는 책방에도 자주 들렸을 것이다.

Part 1. Why am I Here?

1910년 용정 소시장

1930년대 용정 시장

● 03

1900년대 화전민

1930년대

Part I. Why am I Here?

1930년대

1920년대

기와장내외

윤동주

비오는날 저녁에 기와장내외
잃어버린 외아들 생각나선지
꼬부라진 잔등을 어루만지며
쭈룩쭈룩 구슬피 울음움니다

대궐집웅 우에서 기와장내외
아름답든 넷날이 그리워선지
주름잡힌 얼골을 어루만지며
물끄럼이 하늘만 처다봄니다.

명동촌 기와

Part 1. Why am I Here?

1981년 용정현 용산 삼도문바위의 기와집

명동촌의
큰 기와집

1899년 두만강변 함경북도 종성, 회령 등지에서 간도로 건너간 유학자들 네 가문 총 140여 명이 만주인한테 땅을 사서 정착했다. 각자 농토를 개간하며 서당을 열어 자녀들 교육에 힘을 썼는데, 그런 여러 마을을 합쳐 '명동촌'이라 불렀다.

윤동주의 증조부 윤재옥이 1886년 가족을 이끌고 함북 종성에서 두만강 맞은편에 자리를 잡았다가 1900년 명동촌으로 이사 갔다. 그 당시 명동촌은 이미 큰 마을이 형성되어 있었다.

윤동주 아버지 윤영석은 신식 교육 기관인 명동학교에서 공부했고, 우수한 성적으로 유학생으로 뽑혀 북경과 도쿄까지 다녀왔다가 명동학교 교사로 지냈다. 그리고 명동촌의 중심인물인 김약연 선생의 여동생 김용과 결혼했다. 명동학교 교사로 임명된 외지인 송창희는 윤영석의 누이동생 윤신영과 결혼했다.

1917년 9월, 윤신영은 친정에 와서 아들 몽규를 낳았고, 12월엔 윤영석이 아들 동주를 낳았다. 두 아이는 명동촌의 큰 기와집에서 태어나고 함께 자랐다.

집은 함경도식이며 가운데 봉당과 부엌이 같이 있는 방이 있고, 남쪽에 두 칸, 북쪽에 두 칸이 서로 마주 보고 있고, 동쪽에 한 칸이 더 있었다고 한다.

간도의 중심지인 용정 시내에도 초가집이 많았던 시기인데, 명동촌은 주변에서 이름난 '부촌富村'이자, 교육을 우선으로 하는 공동체였다. 마을 사람들은 학비나 학교 급식을 위한 '학전學田'을 함께 일구었고, 교사들의 숙식을 책임지기도 했다.

김약연 선생은 마을 외지에 기와 공장도 운영하면서 학교나 집을 지을 때 거기서 구운 기와를 썼다고 하는데, 이곳에선 무궁화나 태극무늬가 있는 기와 파편이 지금도 출토된다. 기와집에서 태어나고 자란 윤동주가 쓴 '기왓장 내외'는 지난날 명동촌의 '영화榮華'와 행복했던 시인의 어린 시절을 연상케 한다.

1980년대 용정박물관

● 04

1980년대 용정 교외 마을의 초가집들

Part 1. Why am I Here?

1910년대 초가집 앞에서

1946년 연길현 연길시 흥안가 리옥금집 품앗이모임

2부

간도의
일상

Part 2. Daily life of Gando

1. 애기의 새벽

2. 山上

3. 거리에서

4. 삶과 죽음

01

애기의 새벽

윤동주

우리집에는
닭도 없단다.
다만
애기가 젖달라 울어서
새벽이 된다.

우리집에는
시계도 없단다.
다만
애기가 젖달라 보채여
새벽이 된다.

1944년 주장도 결혼식

전어금 아들 백일

● 01

1930년 용정 삼합 북흥촌

Part 2. Daily Life of Gando

1938년 1월 전병학, 김순옥

2부 간도의 일상 · 39

● 01

1940년 오상철, 강명희, 용정

1941년 리종범 회갑연

Part 2. Daily Life of Gando

1939년

1942년 박옥순 22세, 둘째아들과, 요녕성 신빈현

01

김청공, 간도성 왕청

Part 2. Daily Life of Gando

차도선 가족

山上

윤동주

거리가 바둑판처럼보이고
江물이배암의색기처럼 기는
山웅에까지 왓다
아직쯤은 사람들이
바둑돌 처럼 별여있으리라.

한나절의 태양이
함석집웅에만 빛이고
굼병이 거름을하든기차가
停車場에섯다가 검은내를吐하고
또 거름발을 탄다

텐트같은 하늘이 문허저
이거리를덮을가 궁금하면서
좀더높은곧으로 올나가고싶다

1936년 5월

Part 2. Daily Life of Gando

모아산에서 내려다본 서전벌. 해란강 줄기를 따라 농토가 개간되어 있다. 1980년

• 02

일송정 비암산에서 내려다 본 용정 시내

비암산에 올라가면 용정 시내가 한눈에 내려다보인다.
윤동주도 아마 이 산에 올라 '산상'을 썼을 것이다. 비암산 정상에는 한 그루의 소나무가 있는데 윤동주가 올라갔던 당시에는 산 위에 정자가 없었다.

여기가 바로 그 유명한 '일송정'이다. 그러나 90년대에 세워진 '선구자' 노래비는 지금은 없어졌고 그 대신 '용정 참가'와 '비암산 진달래'라는 연변 시인의 시비가 세워졌다.

현재 비암산 중턱에는 아름다운 꽃밭이 있고 정상에는 투명한 아크릴판 구름다리가 설치되어 짜릿한 스릴을 만끽하는 유람지가 되었다.

해란강에서 바라본 모아산. 동흥중학교 졸업앨범에서

Part 2. Daily Life of Gando

비암산 일송정 가을 소풍. 동흥중학교 졸업앨범에서

• 02

Part 2. Daily Life of Gando

1980년대 용정 시내

거리에서

윤동주

달밤의 거리
狂風이 휘날리는
北國의 거리

都市의 眞珠
電燈밑을 헤엄치는
쪽으만 人魚 나
달과뎐등에 빛어
한몸에 둘셋의 그림자
커젓다 적어젓다

궤롬의 거리
灰色빛 밤거리를
것고있는 이마음
旋風이닐고 있네
웨로우면서도
한갈피 두갈피
피여나는 마음의 그림자
푸른 空想이
높아젓다 나자젓다.

1935년 1월 18일

Part 2. Daily Life of Gando

1930년대 용정 시가

● 03

용정 시내 거리

1932년 윤동주 일가는 명동촌 큰 기와집을 떠나 용정 시내로 이사 갔다. 가족은 시내에서 작은 집을 얻었고 송몽규도 거기서 함께 지냈다.

고향 마을에서 명동소학교를 졸업한 동주와 몽규가 진학한 것은 용정 시내의 캐나다인 선교사가 세운 은진중학교였다. 동주는 축구선수로 뛰기도 하고, 몽규와 함께 문예지를 만들기도 했다.

시골 농촌을 떠나 동주와 몽규가 처음으로 접해보는 도시에서의 삶. 만주사변을 일으킨 일제가 중국 대륙에 대한 침략의 마수를 뻗치던 무렵으로 용정 시내에는 많은 일본인 모습도 보였다.

사진엽서 「만주국 간도성 용정 번성한 시장」 (오자키 사진관 발행)

Part 2. Daily Life of Gando

1930년대 용정 시가

간도일본총영사관

2부 간도의 일상 · 53

● 03

1926년에 신축된 간도일본총영사관 건물

용정 시가

용정조선인거류민회 금융부청사

Part 2. Daily Life of Gando

1916년 용정에 설립된 조선은행 출장소

1920년대말 조선문과 한문으로 된
신문 '민성보'가 발행되었다.
민성보사 앞 게시판에서 신문을 읽는
용정 시민 모습

2부 간도의 일상 · 55

삶과죽음

윤동주

삶은 오늘도 죽음의 序曲을 노래하엿다
이노래가 언제나 끝나랴

세상사람은—
뼈를 녹여내는듯한 삶이노래에
춤을 추ㄴ다
사람들은 해가넘어가기前
이노래 끝의 恐怖를
생각할 사이가 없엇다

하늘 복판에 알색이드시
이노래를 불은者가 누구뇨
그리고 소낙비 끝인뒤같이도
이노래를 끝인者가 누구뇨

죽고 뼈만남은
죽음의 勝利者 偉人들!

1934년 12월 24일

1920년 9월 '훈춘사건' 피난민

훈춘사건에서 경신년 대토벌로

1920년 9월부터 10월에 걸쳐 일제는 친일적인 마적들을 매수하여 간도 훈춘현 관공서나 초소 등을 습격하게 하였다. 그리고 이 사건이 조선인 반일무장단체의 소행이라고 단정하여 2만 여명의 '토벌대'를 투입했다.

또한 일제는 1920년 10월 청산리 전투의 보복으로 조선인 마을에 대한 처참한 토벌을 단행했다. 이것이 '경신년庚申年 대토벌'이다.

- 04

간도의 항일 함성

1919년 3.13 만세 시위

1930년 '붉은 5월 투쟁'
화룡현 대랍자 고등소학교 학생 시위를
보도하는 '길장일보'기사

1800년대 말, 조선에서 온 개간민이 용정 부근에 정착하면서 마을이 형성되었고, 조선 이민이 많아진 것을 본 일제는 1907년 용정촌에 '한국통감부 임시간도파출소'를 설치했다.

1909년 일본과 청나라 사이에 '간도협약'이 체결되자 일제는 '조선인 보호'라는 미명 아래 '간도일본총영사관'을 설치하면서 현지 조선인에 대한 감시를 강화하였다.

1919년 3.1운동 소식이 간도로 전해지자 용정에서는 3월 13일 학생들이 중심이 되어 일제 침략에 반대하는 대규모 '독립 만세 시위'가 일어나 무려 2만여 명이 참가했는데, 그날 명동학교 학생을 비롯한 13명이 희생되었다. 시위는 4월 6일까지 계속되어 연변 학자의 통계에 의하면 연 86,000여 명이 시위에 참가했다고 한다.

3.13 시위때 참혹한 학생들의 희생을 계기로 그 후 간도 지역의 독립운동은 무력시위로 돌입하였다.

1920년 1월 반일단체 '철혈광복단'이 회령에서 간도 조선은행으로 운반 중이던 15만 원을 탈취하는 의거를 일으켰고, 1920년 10월엔 청산리 전투가 있었으나 그 보복으로 일제는 조선인 마을에 대한 '대토벌'을 시작, 무고한 농민들이 학살당하고 학교들이 불타버리는 등 많은 상처를 남겼다.

1920년대부터 간도지역에 공산주의 사상이 널리 보급되면서 1930년의 '붉은 5월 투쟁', 추수 투쟁, 춘황 투쟁, 파업, 봉기 등이 잇따라 일어나 일제와의 투쟁이 빈번해졌는데, 한편으로는 동족끼리의 이념 다툼으로 목숨을 잃은 독립투사도 적지 않았다.

• 04

15만 원 탈취 의거를 일으키기 위해 러시아 연해주에서 무기를
가지고 나올 때 기념사진을 찍은 최봉설(왼쪽)과 임국정

Part 2. Daily Life of Gando

1920년 간도 15만 원 탈취사건을 일으킨 철혈광복단 단원들.
최봉설 이외 단원은 체포되어 서대문형무소에서 교수형을 당했다.

1922년 천보산과 개산툰 간 철도공사를 반대하는 시위.
천보산 광산은 은광으로 일찍부터 일제 수탈의 현장이었다.

● 04

간도파견군

간도파견군 사령부

Part 2. Daily Life of Gando

야간순찰에 걸린 조선인

일본군 간도토벌대

奉天城内西貨店
吉順号楼上ヨリ見タル支那街

3부

만주국의
엷은 평화

Part 3. Shallow Peace in Manchuria

1. 오줌쏘개디도

2. 離別

3. 陽地쪽

4. 밤

01

오줌쏘개디도 _{윤동주}

빨래 줄에 걸어논
요에다 그린디도
지난밤에 내동생
오줌쏴 그린디도

꿈에가본 어머님게신
별나라 디도ㄴ가
돈벌러간 아버지게신
만주땅 디도ㄴ가

봉천역 옥상에서 본 신시가지

● 하얼빈 哈爾浜

Part 3. Shallow Peace in Manchuria

● 신경 新京

● 봉천 奉天

● 대련 大連

북만주 하얼빈역 전경

신경 관동군사령부와 일본대사관

대련 야마토호텔
(동상은 오시마 요시마사 관동도독)

3부 만주국의 엷은 평화 · 67

만주국의
도시건설

'만주'는 원래 청나라를 세운 만주인이 살았던 지역을 가리키는 말이다. 청나라는 17세기부터 300년가량 중국을 지배했는데, 그들 민족의 발상지인 만주는 러시아와 국경을 맞대고 있으며 남하 정책을 취하는 제정러시아가 그곳을 넘보고 있었다. 역시 만주를 탐내고 있던 일본은 1931년 만주사변을 일으켜 이듬해 청나라 마지막 황제였던 부의를 다시 '황제' 자리에 앉히고 '만주국滿洲國'을 건립했다.

만주국을 대표하는 도시로서는 대륙의 현관인 대련大連, 청나라가 처음으로 수도로 삼은 봉천奉天=심양, 만주국의 수도가 된 신경新京=장춘, 그리고 '동방의 파리'라고 불린 하얼빈을 들 수가 있는데, 각 도시마다 그 형성과정이 다르며 특색이 있는 도시의 면모를 갖추고 있다. 만주 각지에서 일어난 대대적인 도시 건설을 위해 많은 노동력이 만주로 흘러갔다.

1932~45년 만주국 지도

만주국이 성립되자 만주에 주둔하는 관동군은 일본인을 대상으로 '만주 농업이민

위 _ 봉천성내 백화점, 길순호루에서 본 지나정
아래 _ 봉천 일본 총영사관

100만 호 이주 계획'을 세웠으나 생각대로 진행되지 않자, 한반도에서 대대적인 '이민정책'을 벌여 한반도 남부에서 만주 내륙부로 집단 이민을 보내기 시작했다.

두만강과 압록강 연안부터 시작된 조선 이민의 양상은 서서히 넓은 만주 땅 전체로 퍼져갔고, 1907년 만주 지역 조선인은 71,000명이었는데, 1943년엔 141만 4,144명으로 급증했다. 1941년 통계로 만주 인구 총 4,300만 중 일본인은 약 100만 명이었다.

● 01

1938년 신경 만선일보사

1941년 신경 서공원

하얼빈 송화강 태양도의
백계 러시아인들

봉천 충령탑과 충령비

3부 만주국의 엷은 평화 · 71

離別

윤동주

눈이오다 물이되는날
재ㅅ빛하늘에 또뿌연내, 그리고
크다른機關車는빼—액— 울며
쪽그만 가슴은 울렁거린다

리별이 너무재빠르다, 안탑갑게도
사랑하는 사람을
일터에서 만나자하고—
더운손의맛과 구슬눈물이마르기젼
기차는 꼬리를 산굽으로돌럿다

1936년 3월 20일 永鉉君을—

1935.5.29
떠난은리군을기렴하야

1935년 5월 29일 '떠나는 리군을 기념하여'

● 02

간도성 명월구역

간도성 도문역

Part 3. Shallow Peace in Manchuria

함경북도 성진역 (현 김책시)

四洮(사조=스타오)선 4등칸 안의 일본 병사들 모습을 일본인 종군사진가가 찍었다. 사조선은 길림성 사평(스핑)에서 흑룡강성 치치하얼을 잇는 노선이며 원래 중국국유철도가 운영했다가 만주국 성립 후인 1932년 일본이 운영하는 '남만주철도회사'로 이관된 노선이다.

• 02

영원한 친구, 졸업기념

1940년 23세의 봄

Part 3. Shallow Peace in Manchuria

1940년 박동락, 최계환

1942년 5월 15일 간도성 도문

리군을 보내면서

陽地쪽

윤동주

저쪽으로 黃土실은 이땅 봄바람이
胡人의물레밖퀴 처럼 돌아 지나고
아롱진 四月太陽의 손길이
壁을등진 쓸쓸한 가슴 마다 올올이 만진다.

地圖째기놀음에 뉘땅인줄몰으는 애 둘이
한뽐손가락이 젊음을 恨함이여

아서라! 갓득이나 열븐平和가
깨여질가 근심스럽다.

1936년 봄

Part 3. Shallow Peace in Manchuria

아름다운 공예장식점(만주풍속)

길거리 이발사

● 03

당나귀를 탄 가족

Part 3. Shallow Peace in Manchuria

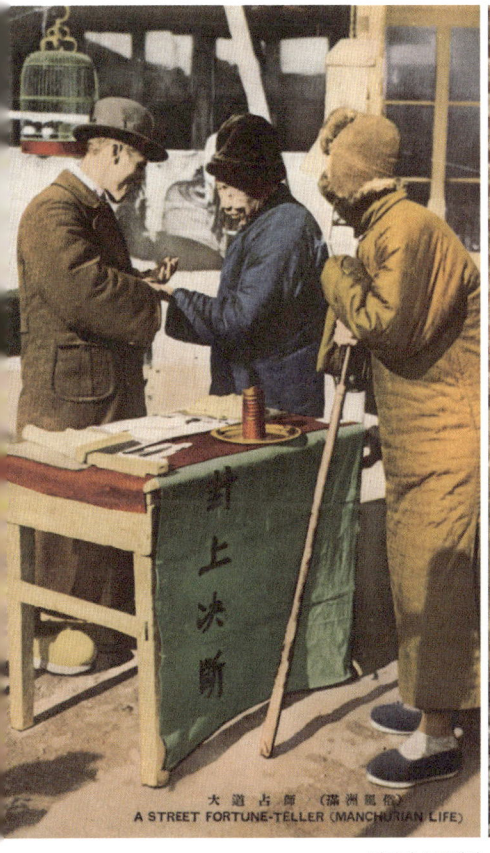

길거리 손금쟁이

원숭이 광대(만주풍속)

3부 만주국의 얇은 평화 · 81

밤

윤동주

오양간 당나귀
아—ㅇ 앙 외마디 울음울고

당나귀 소리에
으—아 아 애기 소스라처깨고

등잔에 불을 다오.

아버지는 당나귀에게
짚을 한키 담아주고,

어머니는 애기에게
젖을 한목음 먹히고

밤은 다시 고요히 잠드오.

1937년 3월

Part 3. Shallow Peace in Manchuria

수수를 탈곡하는 당나귀(만주풍속)

우물에서 물긷는 당나귀

● 04

황소를 데리고 온 조선이민

중국인은 농사에 말을 사용하는데, 조선인은 "아버지가 없어도 소가 없으면 안 된다."라고 말하듯이 농사에는 소가 없어서는 안되는 소중한 존재였다. 영하 30도까지 내려가는 간도에서는 아궁이가 있는 부엌 옆 봉당 너머에 외양간을 설치해 소를 추위에서 보호했다.

원래 한인漢人, 만주인滿人은 소맥(밀)이나 고량(수수), 옥수수, 콩 등을 주식으로 삼아 밭농사를 지었는데, 간도로 이주한 조선인은 쌀농사를 위해 땅을 개간하였다. 쌀은 다른 곡물보다 비싸게 팔리니 한인이나 만주인 지주도 자신의 땅을 논으로 개간하는 것을 좋아했다.

이름난 지주였던 윤동주네 집에는 소뿐만 아니라, 말도 있었다. 풍채가 좋았던 윤동주 할아버지 윤하현 장로는 외출할 땐 그 귀한 말을 타고 다녔다고 한다.

1943년 동경성공립발해국민우급학교
제7회 졸업앨범에서

Part 3. Shallow Peace in Manchuria

'농가 갱생은 먼저 소부터'라는 선전문이 보인다. 1930년대 간도 화룡현 도두구의 조선 농민들의 소자랑 모임 모습이다. 조선에서 데려온 황소는 조선 농민들의 자랑거리였다.

겨울 간도엔 '꿩 사냥' 재미도 있다. 총도 필요 없다. 기온이 많이 떨어지면 꿩은 머리를 눈 속에 박아서 기절하고 있는데, 그것을 주워 오는 것이다.

완만한 산세, 평야를 흐르는 해란강 줄기 따라 널리 퍼진 논밭, 평화로운 간도의 풍경을 시인은 얼마나 사랑했을까. 그러나 만주국의 '엷은 평화'는 결코 오래 가지 않았다. 1937년 7월 7일, 북경 교외 노구교에서 일본군이 중국군을 공격하면서 중일전쟁이 시작되었다.

● 04

1937년 단오절 화룡현 화동 동교와 남교가 단오절 체육대회
'발묶이 달리기' 시합에서 남교가 우승한 기념으로 찍은 단체사진.
황소가 부상이었다.

Part 3. Shallow Peace in Manchuria

1910년생 최신연, 왕청진
1957년 촬영

황소를 사용해 조를 도정하는 조선 여인들 1909년

4부

배움의 나날

Part 4. Days of Learning

1. 窓
2. 이런날
3. 午後의 球場
4. 바다

● 01

窓

윤동주

쉬는 時間마다
나는 窓역흐로 합니다.

　-窓은 산 가르킴.

이글이글 불을 피워주소
이방에 찬것이 설입니다.

단풍닢 하나
맴 도나 보니
아마도 작으만한 旋風이 인게웨다.

그래도 싸느란 유리창에
해ㅅ살이 쨍쏘한 무렵
上學鐘이 울어만 싶습니다.

1937년 10월

1924년 동흥중학교 졸업생

01

1938년 동흥소학교

1938년 김래풍, 소학교 5학년,
간도성 도문

1944년 용정농민도장 제1기 졸업앨범에서

Part 4. Days of Learning

1937년 동흥중학교

1938년 동흥중학교 독서실. 졸업앨범에서

• 01

1940년대

1940년 용정국민고등학교 제2회 졸업앨범에서

Part 4. Days of Learning

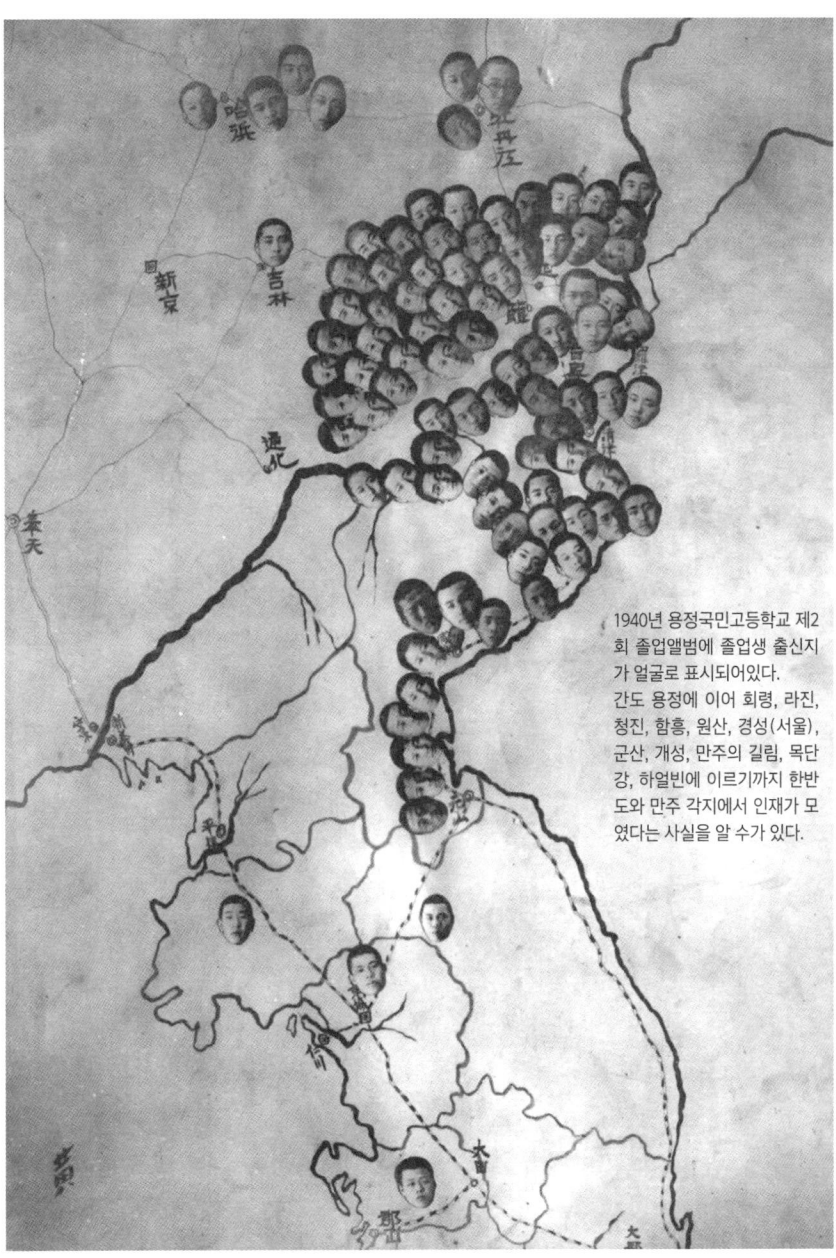

1940년 용정국민고등학교 제2회 졸업앨범에 졸업생 출신지가 얼굴로 표시되어있다.
간도 용정에 이어 회령, 라진, 청진, 함흥, 원산, 경성(서울), 군산, 개성, 만주의 길림, 목단강, 하얼빈에 이르기까지 한반도와 만주 각지에서 인재가 모였다는 사실을 알 수가 있다.

● 01

1944년 박옥순, 왕청현 백초구소학교

1943년 동경성공립발해국민우급학교 제7회 졸업앨범

Part 4. Days of Learning

1943년 소풍 기념 오원숙

1942년 5월 6일 '잊지 못할 봄 소풍'

● 02

이런날
윤동주

사이좋은 正門의 두돌긔둥끝에서
五色旗와 太陽旗가 춤을추는날
금(線)을끊은地域의 아이들이즐거워하다

아이들에게 하로의乾燥한學課로
해ㅅ말간 倦怠가기뜰고
「矛盾」두자를 理解치몯하도록
머리가 單純하엿구나

이런날에는
잃어버린 頑固하던兄을
부르고싶다.

1936년 6월 10일

광명학원 중학부 입학식

Part 4. Days of Learning

간도성 용정 동아소학교

• 02

간도의
조선 이민 교육

1905년 을사늑약이 체결되자 많은 애국지사가 두만강을 건너 간도에서 민족교육을 시작했다. 그 효시는 1906년 이상설 선생이 용정촌에 세운 '서전서숙'이다.

시인 윤동주의 외숙부인 김약연 선생은 1908년 명동촌에 명동학교를, 이동휘 선생은 연길현 소영자에 광성학교를 설립했고, 와룡동의 창동학교, 화룡현의 정동서숙, 용정 신촌의 영신학교, 소영자의 길동서숙 등 근대식 민족교육 기관이 잇따라 건립되었다.

1916년 말 통계에 의하면 북간도 일대에 158개 사립학교와 서당이 있었는데, 그중에는 천도교, 대종교, 천주교, 기독교 등 종교단체가 세운 학교도 여럿 있었다. 간도의 중심지 용정은 이 지역 학생뿐만 아니라 한반도 전역, 남북 만주, 연해주 등지에서 학생들의 몰려드는 민족교육의 요람이었다.

이주 초기의 서당

1906년에 문을 연 서전서숙   서전서숙 유적지 비석
                            1995년 촬영

사립 창동중학교 비석
1995년 촬영

1919년 '3.13 독립 만세 운동'에 앞장선 명동학교는 일제로부터 '불령선인의 소굴'이라고 지목을 받아 일제가 불을 지르기도 하고 일시적으로 폐교처분을 당하기도 했다.

1932년 명동소학교를 졸업한 윤동주, 송몽규, 문익환은 용정 시내의 캐나다 선교사가 세운 은진중학교로 진학했다.
그 밖에 용정 시내엔 천도교 계열의 동흥중학교, 유교에 기반을 둔 대성중학교, 캐나다 선교사가 문을 연 명신여학교, 일본인이 운영하는 광명중학교, 광명여학교 등 명문 학교가 여럿 있었다.

• 02

1930년 사립 협신학교

Part 4. Days of Learning

1932년 11월 28일
명동학교 제19회 졸업기념.
가운데 계시는 분이
김약연 선생이다.

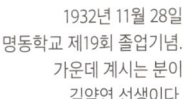

1910년대 화룡현 명동학교.
1908년 명동서숙에서 개칭되었다.

• 02

은진중학교.
1932년 봄 윤동주와 송몽규,
문익환은 은진중학교에
입학했다.

대성중학교.
1938년 봄 송몽규는
이 학교를 졸업했다.

동흥중학교

평양에서 돌아온 윤동주는 1936년 광명 중학교 4학년에 편입하여 1938년 2월에 졸업했다. 그 후 학제가 바뀌어 광명학원엔 고등학교와 여자고등학교가 신설되었다.

광명여자국민고등학교

• 02

1939년 4월 입학기념

Part 4. Days of Learning

요녕성 환인현 5구 고급소학교 예비학교

午後의球場

윤동주

늦은봄기다리든土曜日날
午後세時半의京城行列車는
石炭煙氣를자욱이 품기고
소리치고 지나가고

한몸을끓을기에 强하든
공(뽈)이磁力을잃고
한목음의물이
불붓는목을
축이기에 넉넉하다.
젊은가슴의피循環이잣고
두鐵脚이 늘어진다

검은汽車煙氣와함께
풀은山이
아지랑저쪽으로
까라안는다

1936년 5월

Part 4. Days of Learning

1937년 화동소학교 단오절 체육대회

• 03

그들만의
청춘의 나날

암흑의 시대에 태어난 사람에게도 청춘은 있었고, 그들만의 행복과 미래의 희망도 있었을 것이다.

은진중학교 시절 윤동주는 축구 선수로 활약했고, 광명중학교에서는 농구 선수였다고 한다. 또한 송몽규와 함께 문예지를 만드는 작업에도 열을 올렸다.

특히 광명중학교 재학 중 윤동주는 평이한 언어로 표현하는 세계에 흠뻑 빠져 많은 '동시'를 썼는데, 용정에서 간행된 [카톨릭 소년]이라는 잡지에 여러 번 실리기도 했다. [카톨릭 소년]은 간도일보 기자나 학교 교사들이 편집위원으로 있었던 잡지라서 거기에 작품이 실린 것은 아주 자랑스러운 일이었다.

간도에선 예부터 축구가 인기 종목이었고, 전 만주 축구대회에서 간도 학교들이 늘 우승을 했었다고 한다.

사진 속 학생들의 발랄한 모습을 보고 있노라면 왠지 가슴이 미어지는 듯하다. 어떤 시대에 살든 아무리 어려운 환경 속에서도 사람은 꿈을 꿀 줄 알고, 희망과 낭만을 가질 줄 안다.

Part 4. Days of Learning

그들의 꿈이 일본제국주의에 짓밟혔을까?
광복의 기쁨은 얼마나 컸을까?
그리고 해방 후 그들에겐 어떤 운명이 기다리고 있었을까?

대성중학교 테니스부

● 03

1943년 동경성공립발해국민우급학교
제7회 졸업앨범에서

'학예회' (가운데) '심청전'의 한 장면

간도성 용정 동아소학교 분열식

간도성 용정 동아소학교 목검체조

03

동흥중학교 씨름부

동흥중학교 권투부

동흥중학교 탁구부

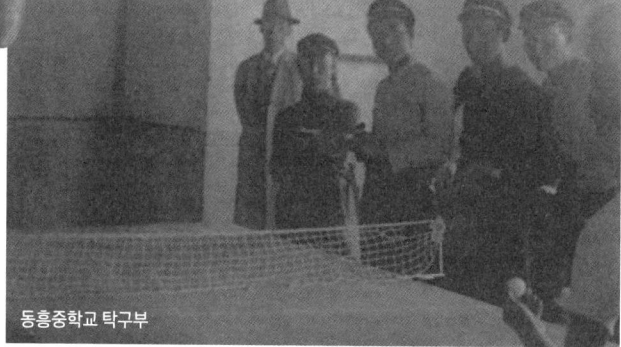

동흥중학교 스케이트부

Part 4. Days of Learning

동흥중학교 야구부

1940년 용정국민고등학교 취악부

동흥중학교 테니스부

4부 배움의 나날 · 115

04

바다

윤동주

실어다 뿌리는
바람 좇아 시원타.

솔나무 가지마다 샛춤히
고개를 돌리여 삐들어지고

밀치고
밀치운다.

이랑을 넘는 물결은
폭포처럼 피여오른다

海邊에 아이들이 모인다
찰찰 손을씻고 구부로

바다는 작고 섧어진다.
갈메기의 노래에……

도려다보고 도려다보고
돌아가는 오날의 바다여!

1937년 9월 元山 松濤園서

Part 4. Days of Learning

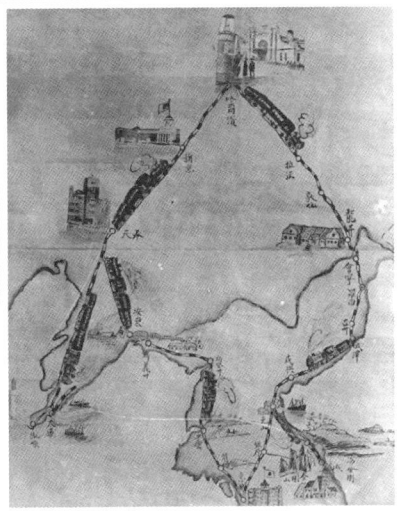

동흥중학교 1938년 졸업앨범에서

毘盧峯

윤동주

萬象을
굽어 보기란—

무릎이
오들오들 떨린다.

白樺
어려서 늙엇다.

새가
나븨가 된다

정말 구름이
비가 된다.

옷 자락이
칩다.

1937년 9월

Part 4. Days of Learning

동흥중학교 1938년 졸업앨범에서
'선만' 수학여행 중 금강산에서의 단체 사진

04

간도 학생들의 '선만' 수학여행

조선과 만주를 다니는 여행을 '선만鮮滿 여행'이라고 불렀다. 철도가 정비되고 여행객의 수요가 높아지면서 1920년대 후반부터 유행했던 관광코스다. 유명한 작가나 화가들이 신문, 잡지에 '선만 여행' 기행문을 발표하면서 많은 인기를 얻기도 했다.

학생을 대상으로 한 선만 수학여행은 미래를 짊어질 젊은이들에게 조선과 만주의 발전하는 모습을 보여줌으로써 일본제국주의의 위용을 선전하려는 목적이 있었다. 1930년 1년 동안 일본 육군과 문부성 지원을 받아 일본에서 '선만 여행'을 떠났던 학교 단체가 무려 213개에 달했다고 한다.

1940년 이후 일본의 전국戰局 악화로 인해 선만 수학여행이 중지될 때까지 10여 년 동안 얼마나 많은 학생이 '선만 여행'을 떠났을까?

물론 그 당시 여비도 만만치 않았을 것이다. 일본 후지산 자락에 있는 하마마츠 시에서 만주 하얼빈까지 수학여행을 다녀온 일본 학생 기록에 의하면 자신의 '선만 수학여행' 여비가 아버지의 두 달 치 월급 정도이었고, 비싼 여비 때문에 여행을 포기한 학생도 적지 않았다고 한다.

1943년 동경성공립발해국민우급학교 제7회 졸업앨범에서 '신경의 추억'

윤동주가 다녔던 광명중학교의 수학여행은 금강산과 원산을 다녀갔던 모양이다. 졸업을 앞둔 1937년 9월 윤동주가 금강산과 원산 송도원을 노래한 세 편의 시가 남아있다. 역시 금강산은 조선학생한테 가장 인기 있는 여행지였다.

간도의 동흥중학교, 대성중학교 학생의 수학여행 기록이 졸업앨범에 남아있다. 간도를 떠나 금강산, 경성(서울)을 거쳐 평양을 지나 압록강을 건너 다시 만주로 들어가 하얼빈까지 도는 장대한 기차여행이었다.

용정국민고등학교 1940년
졸업앨범의 하얼빈, 신경,
금강산에서 찍은 단체 사진

5부

동주 생각

Part 5. Thinking about Yun Dongjoo

1. 민들레 피리

2. 누구덕에…

3. 산울림

민들레 피리

윤일주

햇빛 따스한 언니 무덤 옆에
민들레 한 그루 서 있습니다.
한 줄기엔 노란 꽃
한 줄기엔 하양 씨.

꽃은 따 가슴에 꽂고
꽃씨는 입김으로 불어 봅니다.
가벼이 가벼이
하늘로 사라지는 꽃씨.

―언니도 말없이 갔었지요.

눈 감고 불어 보는 민들레 피리
언니 얼굴 환하게 떠오릅니다.

날아간 꽃씨는
봄이면 넓은 들에
다시 피겠지.
언니여, 그 때엔
우리도 만나겠지요.

함경북도 종성. 윤동주 증조부 윤재옥 씨는 1886년 이곳에서 가족을 이끌고 두만강을 건너 간도에 정착하였다.

● 01

멀리 상삼봉(왼쪽)과 개산툰을 잇는 다리가 보인다. (2014년 촬영)
윤동주 유해는 동생 품에 안겨 이 다리를 건넜다.

개산툰역. 개산툰은 일찍이 종이공장이
있어서 활기찬 곳이었는데, 지금은 고요한
변경의 시골이다.

상삼봉과 조양천(연길)을 잇는 만주국
국철 조개선은 1934년 개통되었다.

한 줌의 재로 변한 동주 형의 유해가 돌아올 때, 우리는 용정에서 2백 리 떨어진 두만강변의 한국 땅인 상삼봉역上三峯驛까지 마중을 갔었다. 그곳에서부터 유해는 아버지 품에서 내가 받아 모시고 긴긴 두만강 다리를 걸어서 건넜다. 2월 말의 몹시 춥고 흐린 날, 두만강 다리는 어찌도 그리 길어 보이던지—.

다들 묵묵히 각자의 울분을 달래면서 한 마디 말도 없었다. 그것은 동주 형에게는 사랑하던 고국을 마지막으로 하직하는 교량이었다.

윤일주 [나라사랑] (외솔회) 1976년 여름호

용정역. (2012년 촬영)
윤동주 유해는 아버지 품에 안겨 이 역에서 내려 집으로 향했다.

• 01

1980년대 초반 동성용역

1980년대 증기기관차

Part 5. Thinking about Yun Dongjoo

1980년대 초반. 동성용역에서 연수를 받는 철도원들

1940년대 초 용정역 철로공들

● 01

간도는 4월 초에나 겨우 해토되는 까닭에 5월의 따뜻한 날을 기다려 우리는 형의 묘에 떼를 입히고 꽃을 심고 하였다. 단오 무렵엔 할아버지와 아버지가 서둘러 묘비를 '시인 윤동주지묘詩人尹東柱之墓'라고 크게 해 세웠다. 할아버지와 아버지에게서 처음으로 시인이란 일컬음을 받은 것이다. 비문을 짓고 쓰신 이는 해사海史 김석관金錫觀 이라는 분이다.

비문은 순한문 3백 자 정도였는데, 옥사했다는 사실을 밝힐 수 없는 때여서, 조롱鳥籠에 든 새가 때를 만나지 못한 것으로 비유했었다. 잃은 손자를 위하여 며칠을 두고 석수石手들과 함께 애쓰시며, 비면을 갈며, 어루만지시던 할아버지와 아버지의 모습—손자에 대한 마지막 정情을 생각할 때 마음이 젖어 옴을 아니 느낄 수 없었으리라.

윤일주 [나라사랑] (외솔회) 1976년 여름호

시인의 누이동생 윤혜원 씨(1923~2011)는 1947년 가을 즈음, 신랑 오형범 씨와 함께 간도를 떠나 청진, 원산, 연천을 거쳐 이듬해 12월에 38선을 넘었다. 혜원 씨는 오빠가 고향 집에 남겨둔 시작詩作 노트를 숨긴 짐보따리와 갓난아기를 안고 월남했다.

이동할 때마다 엄격한 짐 검사를 거치면서 목숨 걸고 지켜낸 원고였다. 오늘날 우리가 시인이 고향에서 쓴 작품을 읽을 수 있는 것은 동생 내외의 피나는 노고가 있었기 때문이다.

윤일주(1927~1985)

윤동주 시인의 동생 윤일주 씨는 해방 후에 단신單身 한국으로 건너와서 형의 유고와 유품 등을 찾아다니며 시집 출판을 위해 헌신했다. '아우의 인상화'의 모델이 된 일주 씨는 형의 작품을 가장 사랑하고 아꼈던 사람이다. 성균관대 건축공학과 교수를 지냈고, 1968년 연세대학교 교내에 세워진 윤동주 시비의 설계를 맡았다.

윤일주 씨는 해방 후에 간도에 남았던 부모님, 조부님, 그리고 막내동생의 소식을 듣지 못해 오랫동안 괴로워했다. 1984년 연구년으로 일본 도쿄대학교에 있었던 일주 씨는 윤동주를 연구하는 일본 학자들과 만났다. 그리고 이듬해 연변대학교로 간다고 하는 와세다대학교 오오무라 마스오 교수한테 형의 무덤을 찾아달라고 부탁했다.

일주 씨 기억에 남은 무덤 위치를 그린 메모를 가지고 오오무라 교수는 몇 차례 답사한 결과 드디어 윤동주 묘소를 찾아내서 세상에 알렸다.
그러나 윤일주 씨에게는 자신이 태어나고 자란 간도의 땅을 두 번 다시 밟을 날이 찾아오지 않은 채 1985년에 세상을 떠났다.

누이동생 혜원 씨가 1947년 4월에 결혼식을 올리고 오빠 무덤에 인사하러 가면서 찍은 사진. 왼쪽부터 매제 오형범, 막내 동생 광주, 혜원, 5촌 당숙 윤영선, 6촌 동생 윤갑주.

• 01

별헤는밤(마지막 연)   윤동주

그러나 겨울이 지나고 나의별에도 봄이 오면
무덤우에 파란 잔디가 피여나듯이
내일흠자 묻힌 언덕우에도
자랑처럼 풀이 무성 할게외다.

1941년 11월 5일

시인의 무덤이 세상에 알려지면서 연변 문인들한테도 윤동주에 대한 관심이 많아졌다. 1988년 용정중학교에서 시인의 무덤을 수리하고 주변을 정리하였다.

1989년 도나이쿠코 촬영

• 01

오랫동안 위치가 분명지 않았던 송몽규 무덤을 1990년 용정중학교에서 찾아나서 명동마을 장재촌 뒷산에서 '청년문사 송몽규의 묘'라고 쓰인 비석을 찾아냈다. 1991년 용정중학교 동창회는 평생을 함께 지내다가 운명한 동주와 몽규를 기리는 마음으로 송몽규 무덤을 윤동주 무덤 옆으로 이장하였다.

송몽규 무덤은 윤동주 무덤 옆에 이장되었다.

윤동주 무덤은 2014년 용정시 문화재로 등록되었다.

1994년 8월 29일 옛 명동촌에서 김약연, 윤동주 유적지 복원행사가 거행되었다. 사회주의혁명 시기 김약연 선생의 공덕비는 뽑혀서 마을 앞의 개울 징검다리로 쓰였는데, 1995년에 공덕비와 정자가 원래 자리에 복원되었고, 그 동안 정미소나 제재소로 쓰였던 예배당도 기와를 다시 올려 원래 모습으로 복원되었다.

명동촌 예배당은 문화대혁명 시기 확장해서 정미소와 제재소로 쓰였다. 1989년 촬영

1995년에 원래 모습대로 복원된 예배당

누구덕에…

윤광주

쓰고남을 분배롯에
은식솔이 새옷이라.
아장아장 어린것이
새옷입고 춤추난다.

귀염둥아 어린것아
알록달록 꽃내옷을
엄마주던 아빠주던
누구덕에 입었느뇨?

방실방실 웃음짓는
기쁘구나 어린것이!
방가운데 모신사진
모주석을 가르키네.

1962년 설날. '공산주의를 책임질 아이들'

윤광주(1933~1962)

윤광주는 윤동주의 막내 동생이다. 윤 씨 집안 장손인 동주를 잃은 가족의 분노와 슬픔은 물론이거니와, 그 후 간도에 남은 가족들에겐 너무나 암담한 시간이 기다리고 있었다.

1946년 6월 차남 일주가 자신의 진학과 신앙생활의 갈망으로 간도를 떠나 월남했다. 1947년 어머니 김용과 할아버지 윤하현 장로가 사망했고, 그해 가을쯤에 누이동생 혜원과 남편 오형범이 두만강을 건너갔다.
간도엔 할머니, 아버지, 그리고 삼남인 광주가 남았다. 1949년 할머니가 운명한 후, 결핵을 앓는 막내아들과 아버지는 둘이서 외로이 살았다.

큰 형과 열여섯이나 차이가 나는 광주는 어릴 때부터 형이 집에 남기고 간 책을 읽으면서 자랐다. 그리고 해방 후 연변에서 시와 희곡 등 몇 편의 작품을 발표했는데, 폐결핵으로 인해 서른 나이로 세상을 등졌다. 젊어서 도쿄와 북경에 유학도 갔던 지식인 아버지 윤영석은 가족을 모두 잃은 후 1965년에 홀로 세상을 떠났다.

사회주의 혁명 시기 중국에서는 '지주 계급'이나 '지식 분자'는 타도의 대상이었다. 고향을 떠나 두만강을 건너 간도의 '부촌富村'인 명동촌에 정착하여 남부럽지 않게 살았던 윤동주 일가 역시 공산주의자의 비판대상이 되어 가족 무덤이 파헤쳐졌고, 묘소를 지키는 이 없이 그들 유해는 어디에 묻혔는지 알 수 없게 되었다.

02

사회주의 혁명의 소용돌이

광복의 기쁨도 잠시, 간도의 조선인들에겐 새로운 투쟁이 시작되었다. 공산당과 국민당 대립으로 인한 '국공 내전'이 끝나자 6.25가 터졌다. 중국인민지원군의 일원으로 전쟁터에 나간 조선인들이 많았다.

1949년 중화인민공화국이 성립되어 중국에 남은 조선인은 중국 국적인 '조선족'이라는 소수민족으로 인정을 받았고, 간도 지역엔 1952년에 연변조선족자치주가 성립되었다.
전국에서 사회주의 건설을 위한 움직임이 활발해지며 1958년엔 '대약진 운동', 1966년엔 '문화대혁명'이 시작되었다. 농촌에는 '인민공사'를 두고 생활과 생산을 모두가 함께 하면서 식량 증산을 도모하였고 공산주의 사상 교육이 강화되었다.

문화대혁명 시기엔 지주, 지식인, 종교인 등이 타도의 대상이 되었다. 비판 받은 자들은 목에다 이름과 죄명을 쓴 표지판을 걸어 대중 앞에 조리돌리게 하는 '유투遊鬪'에 끌려갔다. 당시, 지식인을 비롯한 수 많은 민족 간부가 타도의 대상이 되었다. 연변조선족자치주 초대주장 주덕해도 예외가 아니었다.

1960년대. 함께 일하는 인민공사 대원들, 뒤에 보이는 산은 연길과 용정 사이에 있는 모아산

민족교육의 유람이었던 명동촌도 '명동공사'로 이름이 바뀌고 마을의 중심이었던 예배당도 없어지고 교육자로 이름 난 김약연 목사의 공덕비도 파괴되었다.

'改翻天地掌握政權=천지개변하여 정권을 장악하다'

해방 직후 만주에 살던 200만을 넘은 조선인의 반은 고국으로 돌아갔는데, 반은 중국에 남았다.
그 이유는 바로 '토지개혁'이다. 지주가 가지고 있던 땅을 소작인에게 분배하는 '토지개혁'으로 인해 처음으로 자신의 땅이 생긴 가난한 농민들은 고향에 돌아가 다시 소작인 노릇을 하는 것보다 땅을 나누어 받아 중국에 남는 것을 선택했다.

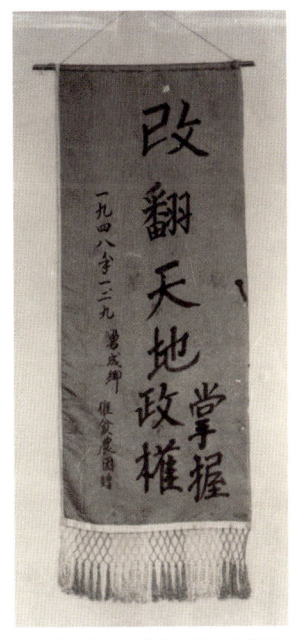

사진은 1948년 1월 29일 용정현 용성향 '고빈농단'이 쓴 구호다. 자신의 땅이 없고 지주에게 고용 당한 빈농을 가리키는 '고빈농'은 농민 중에서도 가장 못 사는 계급인데, 이젠 공산주의가 정권을 장악해 천지개변되어 자신의 땅이 생기고 권리가 생겼다는 의미다.

한자를 잘못 쓴데다 서투른 글씨체로 보아 학교를 제대로 다니지 못한 어려운 형편인 농민이 직접 쓴 글씨임을 알 수 있다.

● 02

1967년 8월 25일에 시작된 명동촌의 '유투'

Part 5. Thinking about Yun Dongjoo

1967년 8월 25일에 시작된 명동촌의 '유투'. 뒤에 보이는 것은 명동소학교

• 02

1968년 2월 17일 '명동공사' 혁명위원회 성립

Part 5. Thinking about Yun Dongjoo

문예선전대가 와서 '명동공사' 혁명위원회 성립을 축하하는 공연을 펼치고 있다.

● 02

1950년 1월 10일. 품앗이 기념

1962년. 모택동 저작 학습 활동을 지도
하는 김기룡 선생, 용정 동성용진 영성촌

1960년대. 과학적 농사를 지도하는 림병준 대대 부주원 (1932년 생)

Part 5. Thinking about Yun Dongjoo

1958년 '대약진'운동으로 강철생산 증산을 위해 만들어진 민간 소규모 용광로

1973년 1월 14일. 흑룡강성 계림공사 계림중학교 문예선전대

5부 동주생각 · 147

● 03

산울림

윤동주

까치가 울어서
산울림
아모도 못들은
산울림

까치가 들엇다
산울림
저혼자 들엇다
산울림

1938년 5월

명동촌 근처 길가에 우뚝 서있는 '선바위'는 두만강을 건너온 이주민과 독립투사에게 용정까지의 여정이 얼마 남지 않았다는 것을 알리는 안표였다.

명동촌이 생기기 전, 청나라 지주는 바위벼락에 비둘기들이 둥지를 틀고 산다고 해서 '비둘기 바위'라고 불렀다. 원래는 세 개의 바위가 서있었는데, 그 후 길을 닦으면서 바위산을 깎아내려 지금 선바위 하나가 남았다. 윤동주의 고향 명동촌을 상징하는 선바위는 봄이면 진달래꽃으로 예쁘게 장식된다.

● 03

1930년대 대성중학교.
송몽규는 1938년 이 학교를
졸업했다.

1946년 은진, 대성, 동흥, 광명, 명신여중,
광명여중이 합병되어 길림성 용정중학교로
명명되었다는 '연합기념비'

1989년 용정중학교 교정에 남아있던 대성중학교 교사 입구.
2층엔 윤동주, 송몽규 등 간도의 명문학교 출신자에 관한
전시장이 있었다. (1989년 촬영)

용정중학교 부지에 복원된 대성중학교 교사와 '서시' 시비

윤동주의 무덤이 확인되자 연변에서 윤동주 시인에 대한 관심도가 높아지며 시인을 기리는 움직임이 활발해졌다.

1988년 용정시 용정중학교에서 시인의 무덤을 수리하여 그 주변을 정리하였고, 교정에 남아있던 대성중학교 건물에는 윤동주를 중심으로 한 용정중학교 출신자들을 기리는 전시장이 개관되었다.

한중수교 이후 1993년엔 동아일보와 해외한민족연구소가 '서시'를 새긴 시비를 용정중학교에 세웠다. 그리고 1994년 해외한민족연구소와 금성출판사의 도움으로 대성중학교 건물이 복원되었다.

03

윤동주 생가는 1932년 4월 일가족이 용정 시내로 이사하면서 다른 사람이 살다가 1981년에 허물어졌고, 한동안 담배밭으로 있다가 1994년 연변대학교 조선연구센터의 복원사업으로 두만강변 용정현 삼합진에 있던 함경도식 기와집을 명동촌으로 이전하여 생가로 복원했다. 재건된 건물은 좌우가 바뀌었다.

용정중학교에 있던 전시장은 2010년대에 폐쇄되었는데, 대신 옛 명동촌에 명동학교 건물이 복원되면서 윤동주와 명동촌 역사를 기리는 전시관이 개관되었다. 윤동주 생가 주변은 공원으로 조성되어 한글과 한자로 된 시비詩碑가 여럿 세워졌다.

복원된 윤동주 생가 건물, 1995년 촬영

Part 5. Thinking about Yun Dongjoo

1995년에 세워진
명동학교 유적지 비석

재건된 명동학교

● 03

Part 5. Thinking about Yun Dongjoo

윤동주 생가 터에서 보이는 선바위

1989년 3월 24일 용정현 지신향 명동소학교 [윤동주문학학습소조 성립을 경축하자] 행사. 옛 명동학교 자리가 아니라 지신향에 '명동학교' 이름을 따서 만들어진 학교다.

● Afterword

마무리하며

동주의 시절

[간도사진관 -동주의 시절]에는 윤동주 사진이 없습니다.
그러나 윤동주가 보았던 풍경과 그와 같은 시대를 살았던 사람들의 모습을 통해서 우리는 시인이 살아 숨 쉬었던 시절을 상상하며 간도의 나날을 더듬어갈 수 있습니다.

북간도는 시인 윤동주의 고향이며, 그의 유해가 묻혀있는 곳이기도 합니다. 윤동주는 만 스무 살까지 간도의 자연 속에서 자랐고, 간도 역사의 소용돌이 속에서 자신의 감수성을 키워가면서 많은 시를 탄생시켰습니다.

윤동주가 고향에 머물면서 썼던 시 가운데, 그곳 풍경이나 시대 상황을 전해주는 시를 골라보니 예쁜 '동시'가 많이 등장합니다. 그런데 그의 '동시'는 결코 예쁘기만 한 것이 아니라 시대를 눈여겨보는 냉철한 시선이 깔려있습니다. 옛 사진 역시 정겹기만 한 것이 아니라는 것을 우리는 느낄 수 있을 겁니다.

한 편의 시에 많은 이야기가 담겨 있듯이, 빛바랜 한 장의 사진에도 수많은 사연이 숨어 있습니다. 사진 속 사람들과 대화하듯 하나하나 들여다보며 그들 이야기에 귀를 기울여 주었으면 합니다.

명동촌 예배당은 1995년에 원래 모습으로 복원되었다. (1995년 류은규 촬영)

100여 년 전, 윤동주 시인이 태어난 명동촌은 신앙과 교육을 구심점으로 한 아름다운 공동체 마을이었습니다. 그 당시 명동촌은 암흑을 비추는 한 줄기 희망이기도 했습니다.

시대의 격랑에 휩쓸려 때로는 희망이 짓밟히기도 했습니다. 그러나 많은 고민과 노고 끝에 여러 유적지가 복원되어서 우리는 다시 시인의 고향을 찾아가 지난 시절을 확인할 수 있게 되었습니다.

올해는 한중 수교 30년, 중일 수교 50년을 기념하는 해인데, 눈앞의 현실을 볼 때 답답한 마음이 커져만 갑니다. 정치나 외교관계로 인해 있던 것이 없어지고 없던 것이 있다고 둔갑하기 쉬운 세상에서, 우리 손에 진심을 담은 사진들이 남아 있다는 사실이 얼마나 다행인지 모르겠습니다.

우리 부부는 오늘도 사진을 열심히 들여다보고 그들의 이야기를 정리하고 있습니다. 그동안 인연이 닿았던 수많은 중국 조선족분 얼굴을 떠올려 가슴을 달구면서…….

먼저 개척한 분이 계셨기에 우리는 이 길을 걸어갈 수 있습니다.

2022년 9월 3일, 연변조선족자치주 70돌을 축하하며
도다 이쿠코

지은이 류은규와 도다이쿠코는 1993년부터 헤이룽장 성 하얼빈에 살면서 중국 조선족에 대한 취재를 시작했다. 조선족 항일운동가 후손들을 찾아다니고, 역사적인 자료사진과 개인 소유의 기념사진 등을 모으기 위해 동북 삼성을 돌았다. 그리고 앞으로 5만장에 이르는 사진을 정리해서 『간도사진관』시리즈로 펴내가려고 한다.

동주의 시절
간도사진관 시리즈 1

지은이	류은규, 도다 이쿠코
디자인	드림포트디자인 정은탁
감수	윤인석
교정	이윤옥

출판등록	2007년 3월 28일
등록번호	123-91-82792
초판1쇄	2022년 9월 3일

펴낸곳　도서출판 토향
인천광역시 중구 신포로31번길 38-1(관동2가) (우)22315
전화 032-766-8660　　팩스 032-766-8662
홈페이지 www.tohyang.co.kr　　이메일 tohyang@gmail.com

값 28,000원
ISBN 978-89-98135-08-9 (04910)
　　　978-89-98135-07-2 (세트)

ⓒ 류은규, 도다 이쿠코

※ 두 편의 시 '민들레 피리'(윤일주), '누구 덕에…'(윤광주)와 윤일주가 [나라사랑] (외솔회) 1976년 여름호에 쓴 글에 대한 저작권은 유가족 대표 윤인석에게 있습니다.

※ 윤동주 시는 육필원고가 게재된 『사진판 윤동주 자필 시고詩稿전집』(민음사)의 표기를 따랐습니다.

※ 나머지 모든 사진과 글에 대한 저작권과 소유권은 류은규 도 도다이쿠코에게 있으며 무단 복사, 복제, 전재하는 행위는 저작권법에 저촉됩니다.

※ 이 책에 나온 사진의 주인공이나 친지분은 출판사로 연락주시기 바랍니다.